B

a María

por Yanitzia Canetti
ilustrado por Asun Balzola

Scott Foresman

Editorial Offices: Glenview, Illinois • New York, New York
Sales Offices: Reading, Massachusetts • Duluth, Georgia
Glenview, Illinois • Carrollton, Texas • Menlo Park, California

Es una pera.

La pera es verde.

Es una manzana.

La manzana es roja.

Es un banano.

El banano es amarillo.

Es una rosa.

La rosa es rosada.

Es un zapato.

El zapato es negro.

Es otro zapato.

También es negro.

¡Es María!

La vine a buscar.